NOTIONS

HISTORIQUES ET TOPOGRAPHIQUES

SUR

L'ILE BOURBON.

PARIS. — IMPRIMERIE DE E. MARC-AUREL,

AVANT-PROPOS.

En fait de connaissances historiques et géographiques, il n'y en a pas de plus importantes ni de plus agréables que celles qui concernent le pays natal ; aussi a-t-on pensé qu'on rendrait un véritable service aux jeunes gens de Bourbon, en ajoutant au traité qu'ils étudient, quelques notices sur l'histoire et sur la topographie de cette île, si favorisée de la divine Providence par la douceur de son climat et par la fertilité de son territoire. Si ce travail n'est pas exempt d'imperfection, du moins en a-t-on puisé les matériaux aux meilleures sources qu'on a pu connaître, et notamment à l'Annuaire de M. Voïart qui, par la nature de ses fonctions, a été plus à même que personne de rectifier les écrits de ses devanciers.

NOTIONS

HISTORIQUES ET TOPOGRAPHIQUES

SUR

L'ILE BOURBON.

ART. 1er.

NOTIONS HISTORIQUES.

§ I.

Découverte de l'Ile et diverses prises de possession.

L'Ile Bourbon était inculte et déserte lorsqu'elle fut découverte en 1505, par des avanturiers portugais qui la nommèrent Mascàreigne du nom de Don Pedro de Mascarenhas leur chef. Ils l'abandonnèrent bientôt et y laissèrent quelques chèvres qui prospérèrent beaucoup, mais elles devinrent sauvages dans la suite, et il s'en trouve encore aujourd'hui.

Plus d'un siècle après, l'Ile était encore inhabitée. Les français qui y abordèrent en allant fonder des établissements à Madagascar, refusèrent de s'y établir, rebutés, sans doute, par l'aspect des côtes bordées de rescifs, et d'un sol montagneux, sillonné d'une multitude de ravines profondes.

Toutefois, M. de Pronis, agent de la compagnie des Indes, en prit possession, en 1642, au nom du roi de France.

Quatre ans après, il y exporta 12 insubordonnés de l'établissement qu'il dirigeait à Madagascar. Ces exilés

1848

furent retirés en 1649 par Monsieur de Flacourt, successeur de M. Pronis. Il vint lui-même à Mascareigne, en prit une seconde fois possession et changea son nom en celui d'Ile Bourbon. Les armes de France furent alors attachées à un arbre ; et le nom de possession est resté au lieu où cette cérémonie fut faite. Enfin, en 1671, M. de la Haye, capitaine de vaisseau, commandant une escadre de dix bâtiments envoyés par Louis XIV, vint en prendre possession une troisième fois, d'une manière plus solennelle encore : on y grava les fleurs de lys sur une pierre, grossièrement sculptée, que l'on voit encore aujourd'hui dans le vestibule de l'hôtel du Gouvernement.

§ II.

Des premiers habitants.

En 1654, Bourbon était encore sans habitants ; cependant quelques uns des malfaiteurs qui y avaient été jetés, quelques années auparavant, parlèrent si avantageusement du climat et de la fertilité du lieu de leur exil, qu'à cette époque, un sieur Thaureau y passa avec sept autres français, six négresses et quelque bétail ; mais, ces premiers colons, fatigués de leur isolement, quittèrent l'ile au bout de quatre ans.

Vers le même temps, des français échappés au massacre du Fort-Dauphin, se jetèrent dans des pirogues avec des femmes qu'ils avaient prises dans le pays, et poussés heureusement par le vent, abordèrent à Bourbon : des pirates dont le navire avait échoué sur la côte, vinrent augmenter le nombre de ses premiers habitants. En 1663, deux français qui parvinrent à s'échapper du Fort-Dauphin, arrivèrent aussi à Bourbon avec sept noirs et trois négresses ; l'année suivante, la compagnie des Indes y envoya vingt ouvriers français sous la conduite d'un chef nommé Régnault. En 1667, la colonie s'augmenta encore de quelques malades, débarqués d'une flotte envoyée à Madagascar et de quelques matelots qui quittèrent leur navire. Enfin des flibustiers vinrent également s'y réfugier.

Alors le gouvernement se décida à y envoyer des orphelines pour être mariées à ces premiers habitants. Telle fut l'origine de ceux qui peuplent, aujourd'hui l'Ile-Bourbon.

La population des premiers colons, s'accrut assez lentement ; puisqu'en 1717, plus de 50 ans après que la compagnie des Indes eut pris l'administration de l'Ile, on ne comptait encore à Bourbon que 2000 habitants, savoir : 900 blancs et 1,100 esclaves. Mais peu-à-peu l'introduction des esclaves, encouragée ou faite par la compagnie, prit une certaine extension. Les esclaves furent tirés des côtes d'Afrique, de Madagascar et de l'Inde.

En 1764, lorsque l'administration du Roi fut rétablie à Bourbon, le recensement des esclaves montait à 20,379 et celui des hommes libres à 5,197 mais l'accroissement de la population fut bien plus prompt dans la suite, puisqu'en moins de 25 ans elle s'éleva à plus de 60,000, dont 50,000 esclaves.

Lorsque la population eut pris un certain accroissement, on vit se former une troisième classe d'habitants qui furent distingués, jusqu'en 1830, sous le nom de *libres* : cette classe qui provenait de l'affranchissement des esclaves, a été depuis confondue avec celle des blancs.

Dans le tableau que nous allons donner de ces différentes populations, à partir de 1717, ne sont compris, ni l'effectif de la garnison qui est assez considérable, ni les employés du Gouvernement, et ceux de l'atelier colonial, ni les indiens, ni la population flottante ; d'où il suit que pour avoir le vrai chiffre de la population de l'île, il faut, depuis 1830, ajouter au tableau ci-après environ 5000 personnes.

Tableau des populations de Bourbon, à diverses époques.

Années.	Libres.	Esclaves.	Totaux.
1717	900	1,100	2,000
1764	5,197	20,379	25,576
1789	11,200	50,000	61,200
1801	16,000	64,000	80,000
1815	Idem.	Idem.	Idem.
1820	20,490	51,215	71,705
1830	27,139	70,927	98,066
1835	35,623	70,406	106,029
1840	35,906	67,070	102,976
1847			

On peut remarquer par l'inspection du tableau ci-dessus, que le chiffre des esclaves diminue, ce qui provient de ces trois causes :

1° La traite n'a plus lieu ;

2° Les femmes esclaves ne forment guère que le tiers de la population ;

3° Dans le chiffre annuel des affranchissements, celui des femmes est toujours le plus élevé.

§ III.

Mœurs et religion des habitants.

On a vu, au § II, quelle fut l'origine de la population de Bourbon, il est aisé de comprendre que des flibustiers, des aventuriers, des ouvriers, des marins, des femmes naturelles de Madagascar, des négresses, enfin des orphelines, qui commencèrent à peupler la colonie, n'y apportèrent pas des mœurs fort réglées et que ces pauvres gens, d'après ce que rapportent Sonnorat (1) et Peuchet (2) avaient un extrême besoin que la religion vint leur apporter le bienfait de la civilisation et de l'ordre.

Les fonctions ecclésiastiques furent d'abord exercées dans la colonie, par un Cordelier qui y débarqua en 1667; huit ans après, le père Hyacinthe, capucin, y aborda aussi. On ne sait pas bien quels furent les succès de ces premiers ouvriers évangéliques, mais il paraît que le père Hyacinthe acquit beaucoup d'influence sur l'esprit des Colons, puisque, quatre ans après son arrivée, il les porta, dit-on, à se saisir de M. Auger, gouverneur, dont on se plaignait, et à le renvoyer de l'Ile; bientôt il fut lui-même revêtu de l'autorité et la conserva jusqu'à sa mort qui arriva en 1677.

On assure que le père Hyacinthe mit beaucoup d'ordre dans son administration. Il se choisit deux assesseurs parmi les hommes dont l'âge et l'expérience lui offraient le plus de garanties, et, avec leur conseil, il jugeait et réglait sans délai toutes les affaires, ce qui était d'autant plus facile que la colonie était encore fort peu peuplée, puisque le recensement qui se fit dix huit ans plus tard, en 1717, ne porte que 2,000 habitants dont 900 blancs et 1,100 sclaves.

Pour revenir à ce qui regarde la religion, on comprit, dès le commencement, de quelle importance il était d'en inspirer les sentiments, afin de réformer les mœurs et de déraciner les mauvaises habitudes.

On parvint au moins de bonne heure à faire naître chez les colons l'amour de l'hospitalité; cette qualité semble innée en eux, et les créoles n'ont point cessé de mériter cette bonne réputation.

De tous temps, les autorités et les principaux habitants se montrèrent favorables à la religion et à ses ministres : les noms des saints imposés à tous les quartiers et à la plupart des rues, en sont une preuve. Cependant la pratique de la religion ne s'inculqua que lentement, et, au sortir des troubles de la révolution, qui ne cessèrent pour la colonie qu'en 1815, la piété n'y

(1 Voyage aux Indes Orientales et à la Chine.
(2) Dictionnaire universel de géographie commerçante.

était pas florissante. Il n'y avait alors à Bourbon que quelques prêtres, plusieurs quartiers en étaient entièrement privés : les Anglais qui furent maîtres de la colonie de 1810 à 1815, se gardèrent bien d'en appeler de nouveaux. Ils furent néanmoins fidèles à la promesse qu'ils avaient faite de laisser le culte libre, et ils n'introduisirent pas dans l'île de ministres protestants, de sorte qu'elle n'a jamais eu le malheur d'être ravagée par l'hérésie.

Aujourd'hui qu'un nombre à peu près suffisant de prêtres sont dans l'Ile, la religion y prend un aspect plus constant, quoiqu'il reste encore beaucoup à désirer.

§ IV.

Des diverses autorités qui ont gouverné la Colonie.

Peu après la prise de possession de l'Ile Bourbon, Louis XIV en concéda la propriété à la Compagnie des Indes. Sous le régime de cette cette Compagnie, les progrès furent lents en toutes manières. Les colons, loin d'être encouragés dans la culture de leurs terres n'avaient pas même la liberté de la cultiver à leur gré ; car l'égoïste Compagnie leur imposait l'obligation de s'attacher à la culture de ce qui lui offrait le plus de gain, et elle ne leur donnait en échange de leurs récoltes que ce qu'elle voulait, soit en argent, soit en objets qu'elle faisait venir d'Europe et dont elle fixait elle-même le prix, en vertu de son privilège. Mais ce privilège fut suspendu en 1767, et bientôt elle fut obligée d'y renoncer entièrement par suite de ses opérations ruineuses et de la malversation de ses employés : ainsi, la Colonie repassa sous l'administration du Roi; mais comme plusieurs de ses employés restèrent en place, l'esprit de la Compagnie subsista encore après son anéantissement. Cependant, de grandes améliorations furent successivement introduites dans l'Ile, sous le règne de Louis XV. Louis XVI fit aussi des ordonnances en faveur de Bourbon.

La révolution de 1789 se fit sentir dans la Colonie : elle eût successivement, comme la mère-patrie, ses assemblées *primaires*, ses assemblées *délibérantes*, ses assemblées ou sociétés *populaires*, ses sanculotides, etc. Toutefois, ces assemblées qui formaient ce qu'on appelait la représentation coloniale, se firent remarquer par une marche modérée, en sorte que la tourmente révolutionnaire n'ensanglanta pas le sol de Bourbon, et l'administration entra de suite dans un système d'amélioration dont elle ne se départit point. La colonie prit alors le nom d'Ile de la Réunion, et en 1806, elle prit celui d'Ile Bonaparte.

La France étant alors en guerre avec l'Angleterre, les Anglais formèrent bientôt le projet de s'emparer de l'Ile Bonaparte ainsi que de sa sœur, l'Ile de France ; cependant, ils n'en vinrent à bout qu'après bien des tentatives ; car, le peu de troupes européennes qui s'y trouvaient, aidées par les colons, firent de généreux efforts pour leur défense ; toutefois, le 7 juillet 1810, les Anglais ayant des forces supérieures, débarquèrent sur plusieurs points de l'Ile. Le colonel Sainte-Suzanne voyant tous ses efforts inutiles, offrit la capitulation qu'il signa le lendemain.

Aussitôt que les Anglais furent maîtres de l'Ile, ils lui rendirent le nom d'Ile Bourbon qu'elle avait porté pendant près de 150 ans et qu'elle porte encore aujourd'hui. Bourbon resta au pouvoir des Anglais jusqu'en 1814. Ces nouveaux maîtres firent d'abord paraître un certain zèle pour le bien de la colonie et se montrèrent modérés ; mais bientôt ce zèle et cette modération se changèrent en une indifférence qui alla jusqu'à négliger les moyens de police et de discipline.

Sous leur administration, une révolte d'esclaves éclata, il y eût quelques victimes ; mais elle n'eût pas du tout le succès qu'en attendaient les conjurés ; car, un d'entre eux ayant horreur de leur crime, découvrit leur complot et on y apporta un prompt remède.

Une des conditions de la paix, signée le 30 mai 1814, portait que l'Ile Bourbon repasserait au pouvoir des Français. Cette nouvelle, qui ne parvint à Bourbon que le 6 avril 1815, remplit les colons de joie, et ils montrèrent, surtout en cette occasion, qu'ils avaient toujours été sincèrement attachés à la France. C'est là, à proprement parler, l'époque de la vraie prospérité de l'Ile et de son importance commerciale.

§ V.

Des Divers Administrateurs.

M. Etienne Regnault, chef des vingt ouvriers envoyés à Bourbon, par la Compagnie des Indes, en 1664, fut le premier chargé de l'administration de la Colonie. M. Auger, quatrième administrateur, auquel on a donné le titre de gouverneur, fut renvoyé de l'Ile et remplacé par le père Hyacinthe, comme on l'a déjà vu plus haut. Depuis son décès, on compte 18 gouverneurs qui ont administré au nom de la Compagnie des Indes. Plusieurs d'entre eux rendirent d'importants services à la Colonie. On doit citer entre autres M. le chevalier de Para, qui y introduisit le café de moka, et M. de Labourdonnay, qui se fit remarquer par son humanité et par la sagesse de son administration.

Le premier gouverneur envoyé par le Roi Louis XIV, fût M. de Bellecombe ; il était accompagné d'un ordonnateur dont les attributions furent réglées par ordonnance royale. Ce premier ordonnateur fut M. de Crémont : la Colonie entière, et, en particulier le quartier St-Denis, lui sont redevables d'une *foule* de travaux d'utilité publique. Ce fut cette même année, 1767, qu'arriva M. Poivre, en qualité d'intendant-général des Iles de France et de Bourbon ; il établit une nouvelle organisation dans toutes les branches du service, ranima l'agriculture et introduisit dans les deux Iles un grand nombre de végétaux précieux qui y manquaient.

L'Ile Bourbon eut encore quatre ou cinq gouverneurs avant la révolution de 1789 ; alors, la Colonie fut administrée d'une manière analogue à la mère-patrie, c'est-à-dire qu'on fit en petit ce que l'on faisait en grand à Paris, à la réserve de l'effusion du sang.

En 1801, une paix momentanée permit au gouvernement français de rétablir son autorité sur les Iles de France et de la Réunion ; le général Decaen fut nommé capitaine-général des établissements français au-delà du Cap de Bonne-Espérance, et un commandant particulier, le général Magallon de la Molière, vint prendre possession du gouvernement de l'Ile de la Réunion :

il fut secondé par un sous-préfet colonial, M. Lemarchant.

Les Anglais ayant pris la Colonie, en 1810, le gouverneur Farquhar la gouverna pendant qu'elle fut à
leur disposition. Lorsqu'elle fut rendue à la France, M.
le comte Bouvet de Lauzier, maréchal-de-camp, fut
nommé commandant pour le Roi, et M. Lemarchant,
commissaire ordonnateur; ils reprirent possession de
l'Ile, le 6 avril 1815. Depuis, elle a eu six gouverneurs
qui tous se sont efforcés d'améliorer son sort.

§ VI.

Forme de la Justice et de la Police.

Au commencement, la justice s'exerçait d'une manière fort arbitraire ; mais en 1766, un édit du Roi
établit un Conseil supérieur pour régler les affaires
coloniales. Ce conseil pouvait prendre connaissance des
affaires civiles et des affaires criminelles, et les juger
d'après les coutumes de Paris et les lois particulières
aux colonies. Cinq ans après, un autre édit modifia ce
Conseil supérieur ainsi que ses attributions, et institua
une juridiction royale qui avait connaissance de toutes
les causes civiles ou criminelles : on en appelait au
Conseil supérieur. C'est ainsi que la justice prit peu à
peu le caractère qui lui convient.

§ VII.

De l'Administration actuelle.

Aujourd'hui l'île est administrée, d'après la charte
coloniale de 1833 :

1° par un gouverneur envoyé par le roi, assisté d'un
conseil privé dont il a la présidence.

2° En ce qui concerne les matières non réservées
aux lois de l'État et aux ordonnances royales, par
un conseil colonial, composé de trente membres,
élus pour cinq ans, par les habitants électeurs, c'est-
à-dire, ceux qui paient au moins 200 francs de contri-
butions. Ce conseil envoie deux délégués à la métro-
pole pour prendre les intérêts de la colonie.

Chaque branche d'administration a son chef respectif:
ces chefs sont :

1° Un commandant militaire pour tout ce qui concerne les troupes : il est de droit suppléant du gouverneur.

2° Un ordonnateur pour l'administration de la guerre et de la marine.

3° Un directeur de l'intérieur pour la direction et la surveillance de l'administration des communes et de tout l'intérieur de la colonie.

4° Un procureur général, chef de l'administration judiciaire, qui se compose : d'une cour royale, de deux tribunaux de première instance, un tribunal de commerce et huit justices de paix.

5° Un préfet apostolique, qui a juridiction sur le clergé et sur les fidèles de toute la colonie.

Chaque quartier de l'île forme une commune qui est administrée à l'instar de celles de France : ainsi chacune d'elles a son conseil municipal qui est plus ou moins nombreux, suivant l'importance de la population : un des membres de ce conseil est maire, il a un ou plusieurs adjoints, pris également dans le sein du conseil municipal.

Les huit principaux quartiers ont une justice de paix ; tous ont un commissaire et des agents de police ; quelques quartiers ont un détachement de la garnison, plus ou moins nombreux ; des gens d'armes à pied et à cheval sont sur plusieurs points de l'île.

ART. II.

NOTIONS TOPOGRAPHIQUES.

§ Ier.

Position et Forme de l'Ile Bourbon.

L'Ile Bourbon est située par 20° 51' 45" de latitude Sud, et par 53° 10' de longitude Est, méridien de Paris ; cette position est celle de Saint-Denis, qui en est le chef-lieu.

L'île est de forme elliptique, et elle a du Nord-Ouest

au Sud-Est, soixante-deux kilomètres; son petit axe est d'environ quarante-quatre kilomètres; sa superficie est évaluée à 231,550 hectares.

L'île Bourbon, comme la plupart des îles de la mer des Indes, parait être produite par des volcans; tout le dénote : sa structure, sa forme, ses montagnes, les couches de lave qui s'y trouvent de toute part, souvent à de grandes profondeurs, sont autant de signes qui appuient cette opinion. Le volcan qui existe maintenant, semble avoir parcouru la plus grande partie de l'île, de l'Ouest à l'Est; il a maintenant son foyer à quinze kilomètres de la mer. Le point culminant où se forment les cratères, a environ 2,200 mètres au-dessus de la mer. Le cratère change souvent de place dans un cercle d'à-peu-près un myriamètre : ses coulées, qui sont fréquentes, vont assez souvent jusqu'à la mer, et couvrent, avant d'y arriver, un large espace, qu'on appelle le Grand-Brûlé ou le Pays-Brûlé. Cet espace est non seulement inculte, mais tellement stérile, qu'on y voit à peine, ça et là, quelques verdures d'origine récente.

L'île est partagée en deux parties par une suite de montagnes qui forment une chaîne dans toute sa longueur. Les plus élevées de ces montagnes sont :

1° Le Piton des Neiges, élevé au-dessus de la mer de   3,150 mèt.
2° Le Grand-Bénard,   2,970
3° Les Salazes,   2,400
4° Le Piton de la Fournaise, ou du Volcan, 2,200

§ II.

Des Rivières, des Étangs et des Sources.

L'île Bourbon est sillonnée par un grand nombre de ravines profondes qui toutes portent l'eau à la mer : dans les grandes pluies, ce sont autant de torrents. Les principales ravines prennent le nom de rivières.

Celles de la partie du Vent sont les rivières de Saint-Butor, des Pluies, de Sainte-Marie, de Sainte-Suzanne, e Saint-Jean, du Mât-des-Roches, des Marsouins, de Saint - François, de Sainte-Anne, de Sainte-Marg rite, de Saint-Pierre et de l'Est.

Les rivières de la partie sous le Vent, sont celles des Galets, de Saint-Gilles, de Saint-Étienne, d'Abord et du Rempart.

Aucune de ces rivières n'est navigable; celles de Sainte-Suzanne et de Saint-Jean peuvent à peine permettre de faire une courte promenade en bateau. La plupart de ces rivières ont leurs sources dans les montagnes de l'intérieur; quelques-unes fournissent d'assez bon poisson.

L'île renferme quatre étangs; le principal est celui de Saint-Paul; il a 16 hectares 36 ares de superficie. L'étang du Gol, sur Saint-Louis, a quinze hectares de long sur trois de large : les deux autres sont à Saint-André. Ces quatre étangs se déchargent dans la mer et sont très poissonneux.

La colonie possède plusieurs sources d'eaux thermales : la plus ancienne est au pied du Piton des Neiges: il s'y trouve plusieurs filets d'eau chaude. Une source, plus précieuse encore, a été découverte en 1831, au Salazie : ses eaux sont alcalines-gazeuzes; elles sont fréquemment recommandées par les médecins. Une troisième source a été découverte à Cilaos, au quartier Saint-Louis. On a reconnu, par l'analyse de ces eaux, qu'elles sont de même nature que celles de Salazie et de Vichy : elles sont plus chaudes, que les premières, mais elles ont les mêmes propriétés.

Bourbon ne possède pas un seul port dans tout son littoral : on n'y trouve que des rades foraines, des anses et des criques. Les meilleures rades sont celles de Saint-Denis, de Saint-Paul et de Saint-Pierre. On peut aussi citer, dans la partie du Vent, les rades de Sainte-Marie, du Bois-Rouge, de Saint-Benoit et de Sainte-Rose; et dans la partie sous le Vent, celles de l'Étang-Salé et de Saint-Leu.

Il n'y a pas de canaux pour la navigation; mais seulement des canaux de dérivation, pour servir aux besoins des villes, et à l'irrigation des terres.

§ III.

Des divers Climats.

Ces montagnes forment plusieurs climats, en raison de leur élévation; ainsi, par exemple, sur le Piton des

Neiges, qui, pendant les mois de juillet et d'août, porte à juste titre son nom ; on n'a que 8° de chaleur, tandis que sur le rivage on en compte 24, et la glace couvre les plus hautes montagnes, de sorte qu'on peut entretenir les glacières pendant toute l'année.

La température est beaucoup plus douce, à Bourbon, que ne le comporte sa position sous la zone torride. Le plus haut degré de chaleur qu'on ait observé dans la ville de Saint-Denis est 33 degrés centigrades, ou Réaumur 26° 40^m ; mais le maximum moyen est 28° 38 centigrades, ou 22° 70 Réaumur ; et le minimum moyen est 21° 6 centigrades, ou 16° 95 Réaumur.

On ne distingue que deux saisons à Bourbon, l'hiver et l'été ; l'été se fait particulièrement sentir en janvier et février: c'est aussi la saison des pluies. L'hiver est principalement en juillet et août : alors l'atmosphère est ordinairemeut sec.

La colonie est sujette à de furieux ouragans qui sont des fléaux pour le pays ; ils détruisent les récoltes, abattent les fruits, déracinent les arbres, et abattent les maisons. La pluie qui tombe par torrents, dans ces coups de vent, inonde les terrains bas, remplit les ravines et les rivières ; celles-ci dans leur cours, roulent des roches énormes, des troncs d'arbre, et souvent renversent les ponts. Ces ouragans sont ordinairement précédés de grands calmes et de chaleurs très intenses; ils ont lieu, pour l'ordinaire, entre la fin de décembre et le commencement d'avril.

Les jours les plus longs sont au solstice de décembre : alors le soleil se lève à 5 heures 21 minutes 28 secondes, et se couche à 6 heures 38 minutes 12 secondes ; ce qui fait une durée de 13 heures 16 minutes 12 secondes. Les jours les plus courts sont au solstice de juin : le soleil se lève alors à 6 heures 38 minutes 12 secondes, et se couche à 5 heures 21 minutes 48 secondes : de sorte que les jours n'ont alors que 10 heures 43 minutes 36 secondes.

§ IV.

Des Cultures,

Les divers climats formés par les montagnes, rendent la Colonie propre à la culture des productions d'Europe et à celles qui sont propres à la zône torride, mais jusqu'à présent, on s'est peu attaché à profiter de ces avantages : on cultive presque uniquement le sucre, le café et le girofle.

Ce ne fut que vers 1813 que les plantations de cannes à sucre commencèrent à prendre quelque essor. Auparavant, il n'existait qu'une sucrerie ; alors M. Desbassyns en établit une à la Rivière des Pluies et, vers 1818, il introduisit dans la Colonie la première machine à vapeur pour la manipulation des cannes.

Le tableau suivant fera voir le développement que prit cette culture.

Tableau d'exportation des principales denrées de Bourbon à diverses époques.

Années.	Sucre.	Café.	Girofle.
1815	20,928	1,305,151	100,152
1818	575,168	1,242,548	400
1826	5,295,691	2,407,374	892,508
1830	17,115,859	602,314	141,917
1836(1)	18,359,504	1,255,649	189,964
1840	28,696,184	776,607	244,854
1847	»	»	»

(1) La quantité de sucre récoltée, cette année, dépassa 25,000,000 k. mais 5,000,000 environ ne purent être expédiés, faute d'une quantité suffisante de navires venus de France.

On cultive aussi pour l'usage du pays toutes sortes de légumes ; la vigne donne deux récoltes par an. On s'occupe aussi, depuis plusieurs années, de l'éducation des vers à soie ; les essais qu'on en a faits ne laissent aucun doute sur les succès de cette production. On pense qu'on pourrait en retirer jusqu'à dix récoltes par an : le murier y prospère très bien.

On cultive encore le maïs, le manioc, le blé, le riz, la patate douce, les pommes de terre, le songe, le cambare, les haricots, les ambrevades, le tabac, etc. Ces derniers articles ne sont que pour la consommation et sont loin d'y suffire.

Les épices, telles que noix de muscade, canelle, poivre, etc., y sont peu cultivées, aussi bien que le cacao, quoique ces plantes prospèrent très bien.

On y trouve encore beaucoup de bois propres à la charpente et à la menuiserie, mais il devient difficile à exploiter et surtout à transporter des forêts, faute de chemins pratiqués dans l'intérieur.

M. Voïard, dans su statistique, remarque que les terres cultivées sont évaluées à 67,771 hectares et qu'il reste encore 58,229 hectares de terre susceptible d'être mise en rapport, sans y comprendre celle de l'intérieur que l'on commence à cultiver, notamment à Salazie, à l'Entre-deux, à Cilaos, etc. C'est donc encore à peu près une moitié de terrain où il ne faudrait que des bras et de l'industrie pour en retirer de grands trésors.

Art. 3.

STATISTIQUE DE L'ILE.

Division Territoriale.

Les montagnes partagent naturellement l'Ile en deux parties du Nord-Ouest au Sud-Est. La partie Nord-Est prend le nom d'arrondissement du Vent, et celle du Sud-Ouest, celui d'arrondissement sous le Vent.

Chacune de ces parties est subdivisée en six quartiers qui forment autant de communes dont on va donner une courte description.

ARRONDISSEMENT DU VENT.

§ Ier.

Quartier St-Denis,

St-Denis est le chef-lieu de la Colonie, la résidence du gouverneur et de toutes les principales autorités.

La position et la bonté de sa rade, lui firent donner, dès 1738, la préférence sur St-Paul, primitivement choisi pour chef-lieu de l'île et pour la résidence du gouverneur.

La ville est située au nord de l'Ile, sur un plan un peu incliné ; les rues sont assez régulièrement tracées, les maisons neuves ou réparées depuis peu, n'ont qu'un étage, deux au plus, mais elles sont fort propres et fort commodes.

L'hôtel du gouvernement qui donne sur la rade, n'est pas aujourd'hui en rapport avec sa destination. L'église, quoique récemment bâtie, n'est pas non plus un chef-d'œuvre d'architecture. La chapelle succursale est un peu mieux, mais néanmoins il est vrai de dire qu'il n'y a pas dans la ville d'édifice remarquable. Les deux églises étaient insuffisantes pour les besoins du culte, surtout maintenant que des vues civilisatrices exigent qu'on fasse participer les esclaves aux exercices du culte ; aussi vient-on de bâtir deux nouvelles chapelles, l'une sur le côté Ouest de la rivière de St-Denis et l'autre au Butor. L'eau est conduite à la ville par deux canaux de dérivation, et la rivière de St-Denis donne le mouvement a plusieurs moulins.

La commune renferme une population de 16,578 habitants ; savoir : 6,327 libres et 10,251 esclaves. Elle est administrée par un conseil de 22 membres, dont un maire et deux adjoints.

Il y a, à St-Denis : une Cour royale, un Tribunal de première instance, un Tribunal de commerce, une justice de paix, un commissaire-inspecteur de police pour tout l'arrondissement du Vent, et des commissaires particuliers, un hôpital de marine, un bureau de bienfaisance, une commission centrale d'instruction publique, un collège royal, une école d'arts et métiers, plusieurs écoles privées, des écoles gratuites tenues par les frères des écoles chrétiennes, savoir : pour les enfants de condition libre, pour les adultes libres, pour les esclaves de 8 à 14 ans, et enfin pour les esclaves adultes. Les sœurs de Saint-Joseph tiennent un pensionnat, une école gratuite et un établissement pour les orphelins. Enfin, il y a un jardin botanique.

St-Denis est le centre du commerce, tant du dehors que de l'intérieur : il y arrive annuellement au moins 220 navires, tant français qu'étrangers.

§ II.

Quartier Ste-Marie.

Le quartier Ste-Marie, à un myriamètre Est de St-Denis, fut un des premiers habités. Il s'étend de la Rivière des Pluies à la Rivière des Chevres, il comprend un beau territoire et d'excellentes habitations. Sa population libre ne s'élève qu'à 1,060 habitants et il y a 4,320 esclaves ; total : 5,380.

Le quartier n'équivaut qu'à un bourg et se compose d'un petit nombre de chétives maisons, dont quelques unes sont encore couvertes en chaume. Les autres habitants sont dispersés sur une étendue de plus d'un myriamètre carré.

L'église est propre et desservie par un seul prêtre. On a bâti une vaste chapelle à la Rivière des Pluies, pour les habitants des environs et particulièrement pour les esclaves. Elle est succursale de Ste-Marie.

Le Conseil municipal de ce quartier est composé de 13 membres, dont un maire et deux adjoints.

§ III.

Quartier Ste.-Suzanne.

Le quartier de Ste.-Suzanne, à 5,555 m. de Ste.-Marie et à 15,555 de St.-Denis, s'étend de la ravine des Chèvres à la rivière de St.-Jean. Les habitations en sont riches et fertiles. La beauté du lieu a fait donner à un de ses endroits le nom de Quartier-Français.

La population libre est de 1,739, et celle des esclaves de 3,882, total, 5,621. Cette population est éparse dans le quartier : il n'y a pas d'agglomération de maisons.

L'église est propre mais petite : il n'y a qu'un prêtre pour la desservir. Le Conseil de commune est de 15 membres, dont un maire et deux adjoints.

Il y a une justice de paix pour ce quartier et celui de Ste.-Marie. Les sœurs de St.-Joseph y sont établies pour l'instruction des petites filles.

§ IV.

Quartier St-André.

Le quartier St.-André, à 7,777 m. de Ste.-Suzanne et à 23,333 de St.-Denis, s'étend de la rivière St.-Jean à celle du Mat.

Ce quartier est le plus éloigné de la côte, sa population est de 2,786 habitants libres et de 5,063 esclaves, total, 7,849.

Les maisons ne sont point rangées en forme de ville : il s'en trouve seulement un certain nombre, de distance en distance, sur une longueur de route d'environ 300 kilomètres. L'église et la mairie sont placées au milieu de cette espèce de rue.

L'église est vaste et commode : elle est desservie par un curé et deux vicaires. Une chapelle vient d'être bâtie sur le bord de la mer pour les habitants du Champ-Borne.

Le Conseil communal est composé de 16 membres dont un maire et deux adjoints. Un juge de paix vient d'y être établi. Il y a des sœurs de St.-Joseph et des frères des écoles chrétiennes, pour l'instruction de la jeunesse.

(25)

District de Salazie.

Ce quartier naissant, qui est une dépendance de St.-André, doit son origine à la source d'eau minérale découverte en 1831. D'abord beaucoup de personnes s'y rendirent pour prendre les eaux ; alors, attirés par le climat qui est fort tempéré et par la fertilité du lieu, un certain nombre d'habitants allèrent s'y fixer, malgré la difficulté des chemins. On les a depuis améliorés, et, aujourd'hui, Salazie compte 580 habitants libres et 542 esclaves, total, 1,122.

On vient d'y bâtir une église desservie par un curé.

Cette commune, distante de 17,776 mètres de St.-André, dans l'intérieur, est administrée par une agence municipale de 9 membres dont le président fait les fonctions de maire.

C'est dans ce district qu'est établie la magnanerie modèle.

§ V.

Quartier St.-Benoît.

Le quartier de St.-Benoît, à 12,221 m. de St.-André et à 35,555 de St.-Denis, s'étend depuis la rivière du Mat à celle de l'Est.

Les pluies fréquentes qui arrosent ce quartier le rendent très productif, le sucre, le girofle y abondent ; ses productions et sa population en font un des plus importants de la colonie. La population libre s'y élève à 4,252 habitants et l'esclave à 6,019, total 10,271.

La commune est administrée par un Conseil de 20 membres dont un maire et deux adjoints. Il y a une justice de paix.

L'église, nouvellement bâtie, peut passer pour la plus belle de la colonie : elle est desservie par un curé et deux vicaires. Une chapelle succursale a été bâtie au Brapanon ; deux autres seraient nécessaires dans la partie Sud-Est du quartier ; car un grand nombre des habitants se trouvent fort éloignés de l'église.

Le quartier se compose d'une certaine agglomération de maisons plus ou moins belles ; celles qu'on a récemment bâties dans les environs de l'église, sont fort propres.

La rivière des Marsouins qui passe au milieu du quartier, est surmontée d'un beau pont : elle a toujours de l'eau et on y trouve beaucoup de poisson.

Il y a, à Saint-Benoît, des frères des écoles chrétiennes pour l'instruction de la jeunesse ; les sœurs de St.-Joseph y ont un pensionnat et une école gratuite.

§ VI.

Quartier Ste.-Rose.

Le quartier de Ste.-Rose, à 17,775 m. de St.-Benoît et à 53,330 mètres de St.-Denis, est le plus à l'Est de l'île.

Une partie de ce quartier est fort aride, mais il y a de bonnes habitations que les pluies fréquentes fertilisent : les principales cultures sont la canne à sucre et le girofle.

Ce quartier s'étend de la rivière de l'Est au Grand-Brûlé ; sa population n'est que de 2,685 habitants dont 873 libres et 1,812 esclaves. Ces habitants sont dispersés dans tout le quartier. Il n'y a qu'un petit nombre de maisons aux environs de l'église qu'on rebâtit actuellement, attendu que l'ancienne tombait en ruine.

Le Conseil de commune n'est composé que de 10 membres dont un maire et un adjoint ; ce quartier relève de la justice de paix de St.-Benoit.

ARRONDISSEMENT SOUS-LE-VENT.

§ Ier.

Quartier St-Paul.

St-Paul, situé à 25,555 mètres, à l'Ouest de St-Denis, et le chef-lieu des l'arrondissement Sous-le-Vent : il était même autrefois celui de toute la Colonie, parce qu'il avait été le premier habité, et ce n'est qu'en 1788 que le gouverneur étant venu se fixer à St-Denis, cette ville devint le nouveau chef-lieu de Bourbon.

St-Paul est le plus populeux des quartiers de l'île : il a 5,422 habitants libres et 11,552 esclaves; total : 16,974.

Les environs de l'étang rendent ce quartier fort agréable. On aime aussi l'uniformité de son climat; mais la sécheresse et le calme presque habituels y rendent les chaleurs excessives en été.

C'est dans ce quartier qu'on obtient les meilleurs raisins et une plus grande abondance de dattes; il produit beaucoup de légumes dans les bas fonds et les hauteurs donnent le sucre et le café.

St-Paul a un peu l'aspect d'une ville, mais les maisons en sont séparées par des jardins. Il y a une grande place, un beau bazar, mais point d'édifices remarquables; les maisons en sont belles.

L'église est simple, mais vaste et commode. Trois prêtres sont insuffisants pour cette grande paroisse, quoiqu'il y ait deux succursales, desservies chacune par un prêtre.

La commune est administrée par un conseil de 24 membres, dont un maire, deux adjoints pour le quartier et un troisième qui réside à la Possession.

Ce quartier a un Tribunal de première instance et un inspecteur de police pour l'arrondissement Sous le Vent. Il y a une justice de paix, un hôpital marine pour les convalescents, et enfin des frères et des sœurs pour l'instruction de la jeunesse.

La Possession, division de St-Paul.

Quoique la Possession ne tienne pas le rang de quartier, elle mérite cependant qu'on en fasse une mention particulière : c'est là que s'est opéré le débarquement des premiers colons et son nom dérive de la seconde prise de possession dont on a parlé ci-devant page 8.

Ce canton, situé à 13,225 mèt. de St-Dénis, s'étend

de la Grande-Chaloupe à la Rivière-des-Gallets ; il formera, probablement un jour, un quartier indépendant.

Le climat y est le même qu'à St-Paul ; un canal de dérivation fertilise une partie du territoire, mais il en reste encore une grande étendue stérile et inculte, faute d'un pareil secours. Les hauteurs qui sont fréquemment arrosées par les pluies, sont fertiles et produisent entr'autres choses d'excellent café.

Depuis quelques années, on a établi une petite église sur le rivage où se trouve une agglomération de maisons. Il y a un prêtre qui fait les fonctions de curé, et un adjoint spécial de St-Paul y fait celles de maire. C'est là que s'effectuent les embarquements pour la communication de la partie Sous le Vent avec St-Denis, et c'est ce qui en fait toute l'importante.

St-Gilles (SUCCURSALE DE ST-PAUL).

Sur la route de St-Paul à St-Leu, se trouve la chapelle de St-Gilles, bâtie en forme de rotonde et en style gothique : elle rappellera longtemps la bienfaisance de Mme Desbassayns qui la fit bâtir, autant pour les habitants des environs que pour ses propres esclaves ; un prêtre y réside.

On entreprit, il y a quelques années, de former un port au bas de la rivière de St-Gilles ; mais un coup de vent suffit pour détruire un travail qui avait coûté bien des milliers de francs : on y a depuis entièrement renoncé.

§ II.

Quartier St-Leu.

St-Leu, au Sud de St-Paul, en est éloignée de 17,775 mètres et de 43,330 de St-Denis. Ce quartier a d'excellentes habitations dans les hauteurs ; le café St-Leu est surtout estimé.

Ce qu'on appelle proprement le quartier est situé sur le rivage, au pied d'un rocher fort escarpé : l'abord des deux côtés en est extrêmement aride, mais on y est agréablement surpris de trouver à l'arrivée une belle allée de bois noirs et de belles maisons, ce qui forme une agréable rue. Les tamariniers, les cocotiers et les dattiers y sont communs.

L'église en est propre et suffisante à la piété d'une population de 1,011 habitants libres et de 4,162 esclaves; total 5,173. Le curé y est seul, les frères et les sœurs secondent son zéle.

Le conseil communal est composé de 13 membres, dont un maire et un adjoint. Ce quartier relève de la justice de paix de St-Louis.

§ III.

Quartier St-Louis.

St-Louis, à 19,995 mètres de St-Leu et 63,325 de St-Denis, est borné, au Nord-Ouest, par la ravine des Avirons, et, au Sud-Est, par la rivière de St-Etienne.

Ce quartier a une belle plaine que l'industrie a rendue fertile, par l'établissement de plusieurs canaux de dérivation qui y conduisent l'eau de la rivière de St-Etienne. La population de ce quartier est éparse; il y a cependant une agglomération de maisons entre la ravine du Gol et la rivière de St-Etienne. C'est là que se trouvent la mairie et ce qu'on appelle proprement le quartier. L'église est placée à plus d'un kilomètre de là, au milieu d'une habitation : On a le projet de la rebâtir au quartier.

Une chapelle vient d'être établie, à l'autre extrémité de St-Louis, pour les habitants de l'Étang Salé et des environs, qui avaient près d'un myriamètre de chemin à faire pour se rendre à l'église ; toutefois, ils n'en sont pas les plus éloignés: Le Tilaos où il y a plusieurs centaines d'habitants, est à 25 kilomètres dans l'intérieur, et le chemin n'est pas accessible aux chevaux ; cependant, on voit souvent le dimanche de ces bonnes gens qui se sont rendus dès la veille pour assister à la messe.

La population de ce quartier est de 4,800 libres et 4,653 esclaves; total : 9,453.

Le conseil municipal est de 17 membres, dont un

maire et deux adjoints. Il y a un seul juge de paix pour ce quartier et celui de St-Leu.

Les frères des écoles chrétiennes y sont établis.

§ IV.

Quartier st-Pierre.

St-Pierre, à 8,885 mètres de St-Louis et 72,210 mètres de St-Denis, est un des quartiers des plus productifs, depuis l'établissement de l'important canal de dérivation qui conduit, de la rivière de St-Etienne, un volume d'eau suffisant pour fertiliser une grande étendue de terrain, auparavant stérile. Ce canal fournit aussi de l'eau à tous les emplacements du quartier qui forme une petite ville assez régulière, mais le plan en est trop incliné. On y voit de fort belles maisons. La rade de St-Pierre est une des meilleures.

Le conseil communal est composé de 21 membres, dont un maire et trois adjoints. Il y a une justice de paix.

Depuis quelque temps, l'Entre-Deux forme une division spéciale, tant pour le civil que pour le spirituel. Un adjoint particulier y fait les fonctions de maire, et un vicaire de St-Pierre y fait les fonctions de curé.

Quoique la paroisse de St-Pierre se trouve divisée par la succursale de l'Entre-Deux, elle est encore fort étendue. Trois prêtres sont insuffisants, surtout pour s'occuper des esclaves, car il y a une population de 14,248 ; savoir : 4,330 libres et 9,918 esclaves.

Les frères sont chargés de l'école gratuite pour les garçons ; les sœurs de St-Joseph en ont une pour les petites filles, outre un pensionnat et un établissement pour les orphelines.

§ V.

Quartier St-Joseph.

St-Joseph, à 15,555 mètres de St-Pierre et à 87,765, de St-Denis, n'a encore que quelques sucreries. On y fait beaucoup de planches et on exploite quantité de bois de charpente, attendu que le défrichement y est moins avancé que dans la partie du Vent : les pluies y sont fréquentes.

La population de St-Joseph est de 2,744 libres et de 2,986 esclaves ; total 5,730. Cette population est entièrement éparse, il n'y a pas d'agglomération de maisons.

L'église, construite en bois, se trouve sur le bord de la rivière du Rempart ; on la remplace en ce moment par une plus convenable, bâtie en pierre. Il n'y a qu'une sucrerie et quelques maisons, dans les environs de l'église qui est desservie par un seul prêtre, quoique la paroisse soit fort étendue.

Le quartier est administré par un conseil de 13 membres, dont un est maire et deux autres sont adjoints. Une justice de paix vient d'y être établie pour ce quartier et pour celui de St-Philippe.

Il n'y a point d'école, pour l'instruction élémentaire de la jeunesse.

§ VI.

Quartier St-Philippe.

St-Philippe, à 16,655 m. de St-Joseph et à 104,430, de St-Denis, n'est érigé en quartier que depuis 1830. Auparavant, il faisait partie de celui de St-Joseph : Il s'étend de la Basse-Vallée au Grand-Brulé.

La population est de 1,014 libres et 656 esclaves ; total : 1,670. C'est le quartier qui est le moins populeux, est le seul où les esclaves soient moins nombreux que les libres.

Le terrain étant couvert de la lave du volcan, n'a encore qu'une légère couche de terre et ne peut retenir les eaux ; ainsi, il faut l'attendre du ciel, non-seulement pour fertiliser la terre, mais aussi pour désaltérer les hommes et les animaux ; mais, par une heureuse disposition de la Providence, il y pleut fort souvent et on a soin de conserver les eaux. On commence à y cultiver le sucre ; il y a un peu de girofle ; on y exploite des planches et du bois de charpente.

La route royale n'est point encore achevée, dans une partie de ce quartier, et il n'y a point de réunion de maisons.

L'église a seulement les quatre murs, sans crépissage : la paroisse en général est fort pauvre.

Le conseil communal est de 10 membres, dont un maire et un adjoint.

De St-Philippe à Ste-Rose, il y a une distance de 3 myriamètres 1/2, dont environ deux myriamètres de route restent encore à exécuter.

FIN.

PARIS. — IMPRIMERIE DE E. MARC AUREL, 12, RUE RICHER.